Michael C.O Jonathan Desir

Le Surnaturel

Michael C.O Jonathan Desir

Le Surnaturel

Marchez hors du commun en vivant le surnaturel avec le Saint-Esprit de Dieu

Éditions Croix du Salut

Cover image: www.ingimage.com

Publisher:
Éditions Croix du Salut
is a trademark of
Dodo Books Indian Ocean Ltd. and OmniScriptum S.R.L publishing group

120 High Road, East Finchley, London, N2 9ED, United Kingdom
Str. Armeneasca 28/1, office 1, Chisinau MD-2012, Republic of Moldova, Europe
Printed at: see last page
ISBN: 978-620-3-84536-5

Michaël Jonathan C.O Désir

Le Surnaturel :

Marchez hors du commun en vivant le Surnaturel avec le Saint-Esprit de Dieu

« Dans l'âme même du naturelle, le surnaturel luit en chassant les ténèbres ».

Désir Cédric

« Toute Ecriture est inspirée de Dieu, et utile pour enseigner, pour convaincre, pour corriger, pour instruire dans la justice, afin que l'homme de Dieu soit accompli et propre à toute bonne œuvre »

Il est de coutume de remercier les collègues et amis auxquels on a pu faire circuler les premières versions d'un texte, et dont les remarques amicales ont permis d'en corriger les failles. Je tiens à remercier mon Seigneur et mon Dieu qui m'a donné de l'inspiration et une capacité intellectuelle afin de bien rédiger ce livre, je tiens aussi à remercier ma mère Gabina Euchera Désir qui m'a toujours supporté dans le ministère de la parole de Dieu, mon grand-frère Cédric Désir qui malheureusement n'est plus d'ici-bas mais qui m'a laissé un bon nombre de réflexions sur le thème du Surnaturel, je tiens à remercier tous mes amis et collègues qui ont pu jeter un coup d'œil et m'encourager dans la rédaction, et aussi j'en profite également pour dire un grand merci à tous les théologiens de la Faculté de théologie évangélique et de missiologie qui m'ont encouragé et aidé d'une manière ou d'une autre. Shalom à vous !

Je ne cesserai aussi de remercier les supporteurs de mon ministère Elior Institut de Théologie Libre. Shalom a vous !

Je tiens à remercier aussi tous les membres du Ministère Onction en Action qui m'ont aidé aussi par leurs prières et que je suis membre fondateur ; mesdames et messieurs : Chapeau !

Tous mes mots de remerciement.

Une œuvre, un ministère, une vision.

Bientôt nous pourrons chanter que nous avons combattu le bon combat et la couronne de justice nous est réservée.

Sommaire

- Comprendre le Surnaturel
- Pourquoi avons-nous besoin d'une force surnaturelle
- Le sens des mots « pouvoir et marcher »
- Le pouvoir de la prière
- Qui est le Saint-Esprit ?
- Le pouvoir du verbe et de la numérologie
- Numérologie chrétienne : *signification de quelques chiffres à travers la Bible*
- Le combat spirituel
- L'intervention du surnaturel dans le naturel

Comprendre le surnaturel

La compréhension du surnaturel est étrange voire impossible pour tout ce qui est naturel. Si on fait une scission du terme, c'est-à-dire fendre le terme, nous trouvons deux mots : Sur et Naturel.

Le mot « Sur » renvoie à ce qui a une élévation par rapport à ce qui est en sous, une certaine supériorité, sur a aussi le sens de ce qui est suspendu, ou ce qui peut voir le bas (le sous) et pour être plus laconique, il renvoie à celui qui domine. Le « sur » a le pouvoir de diriger, de dominer d'une façon précise sur les choses inferieures telles qu'elles soient spirituelles ou naturelles. C'est pour cela que les grands esprits dominent les petits esprits, que la grand-mère exerce une influence sur sa fille et que le père dirige, oriente la famille. Les êtres spirituels font partie du sur, parce qu'ils dominent sur les êtres naturels ou physiques. Quand on parle du sur on revoie a la grande question de gouvernance, celui qui réagit sur les principes, normes et règles du gouvernement ; le gouvernement maritime envoie la vague où elle veut selon ses principes, normes et règles, le gouvernement du paquebot va où il veut avec son navire... la vague et le navire ne peuvent pas désobéir ni au gouvernail ni aux flots de la mer, elles accomplissent sans relâche la volonté qui leurs aient parvenu soit bien, soit mal ; soit la vie ou la mort ; soit désastreux ou constructifs. Qui dit bien la force qui domine renvoie à la notion du sur. En matière charnel, on n'est pas né avec, le sur n'est pas naturel.

Le naturel

Le terme naturel renvoie à ce qu'on appelle l'état ordinaire, l'état inhérent à notre être, nous sommes nés avec le langage, mais la langue nous l'adoptons dépendamment de la culture, région où nous sommes.

Tout le monde parle, écrit, mange, peuvent ressentir des émotions, utilise un moyen de communication, c'est tout à fait normal, c'est naturel. Nous utilisons des livres pour augmenter notre capacité intellectuelle, nous utilisons de l'eau pour arroser les plantes du jardin, nous prenons du repos quand nous sommes fatigués, tout ceci explique l'état naturel. L'état ordinaire ne surpasse pas la métaphysique. Quand nous sommes naturels, nous agissons comme des êtres humains normaux, nous agissons dans un espace restreint, nos idées ne dépassent point l'anormal, nous sommes esclaves des impossibles. Quand nous sommes naturels, nous n'agissons pas pour impressionner les gens, nous n'avons pas une capacité pour comprendre ce qui nous dépasse comme ce qui est voilée dans l'invisible, nous nous contentons comme tout le monde de nos inventions, nous nous contentons de gonfler des ballons, de conduire des voitures, de surfer sur l'internet, de passer des appels, de manger, sourire et attendre l'heure pour mourir. Le naturel n'augmente pas ou ne garantit pas l'étonnement, on ne s'étonnera pas du fait que nous avons trouvé la clé de notre voiture que nous avons égarée, il suffit juste de se calmer un peu et de faire des recherches, c'est tout à fait naturel de perdre une clé et de la retrouver, c'est ordinaire. Un grand sage des temps anciens a dit : « Je suis humain et rien de ce qui est humain ne m'est étranger ». L'état naturel donne aussi l'image de la manifestation de l'humanisme et a la sensation d'un homme peut faire, rien qu'un homme peut faire ne peut éblouir un autre homme s'il le fait dans un ordre naturel et simple. La simplicité humaine adhère aux choses passagères ou encore aux expériences qui nécessitent une attention soutenue, donc le naturel c'est tout ce qui est normal, précis et clair. Or l'idée du surnaturel fait l'idée a ce qui dépasse la compréhension ordinaire, prenons l'exemple d'un homme qui marche sur les eaux et pour enraciné la foi de ses disciples invite l'un deux à le rejoindre sur les eaux ; prenons encore l'exemple d'une personne atteinte du SIDA a lorsqu'elle est née sans le virus et elle n'a pas eu de contact sexuel non protège, elle n'a subi aucune transfusion sanguine ou été touché par des objets coupants contaminés, ça surement dépasse les virologues et scientifiquement il faut déterminer la cause voire la provenance du virus. Jésus qui marche sur les eaux, c'est légendaire ! C'est miraculeux ! Donc, c'est tout à fait surnaturel. C'est la force qui est au-dessus et qui domine, maitrise puis dirige la force des flots en démence et celle des vents impétueux. Jésus, encore Jésus ; en voyant un homme près de la piscine de Bethesda qui eut trente-huit années de carrières lamentables près de la piscine, cet infirme ne pouvait rien faire par et pour lui-même, Jésus voyant sa souffrance eut pitié et lui dit : Lève-toi, prends ton lit et va !

Etant doté d'une capacité surnaturelle Jésus a dominé sur les lois naturelles concernant la guérison d'une maladie ; non seulement sur la maladie, il a aussi dominé sur les principes hiérarchiques de la mort, il a rendu la vie à Lazare qui était selon tous les hommes impossible. Le surnaturel domine sur tous ce qu'on pense être ordinaire, c'est une réanimation de l'impossible c'est appréhender l'impossible sur un autre angle, l'angle du tout est possible à celui qui croit. La loi mère dans le domaine du surnaturel est la foi. «La foi est la base ou l'étape primaire pour voir le résultat du surnaturel a tous les niveaux ».

Pourquoi avons-nous besoin d'une force surnaturelle ?

Etre dans le besoin est le propre de l'homme, le monde que nous vivons porte le pseudo de monde vivant à cause qu'il est rempli d'êtres vivants comme les animaux, les végétaux et même les esprits voire les anges. Dans notre sphère (voute du ciel, conçue comme un globe dont la terre serait le centre) deux forces majeures attirent ou agissent : le Bien et le Mal. Les asiatiques principalement les chinois fait référence au Yin Yang en associant le Yin à l'ombre, à la passivité et à la lune et le Yang a la lumière, a l'activité et au soleil. Le plus souvent c'est la force du Yin qui nous attire le plus donc la force du mal, même quand on veut pratiquer la justice on est attiré à faire le contraire. David (Roi d'Israël) a dit : « le mal est constamment devant moi ». On est dans une lutte acharnée, on a la possibilité de faire le Yang ou de ne pas le faire. Mais pour tout choix, nous payerons sur une forme ou une autre les conséquences de nos inconséquences. Point n'est besoin de rappeler qu'Adam avait le libre choix entre d'obéir à la voix de Dieu qui est le Bien ou d'accepter la voie que suis le Serpent ancien qui est le mal. Tout cela pour dire que les hommes ainsi que des anges qui ont perdu leurs dignités s'adonnent beaucoup plus au mal au lieu de pratiquer la justice. Ils dépensent des milliards pour faire la guerre, ils préfèrent jeter à la mer des denrées qui pourraient répondre aux problèmes de famine qui est dans le monde, ils préfèrent investir dans la technologie alors que ce sont les nordistes qui en jouissent, les richesses du monde sont pour une partie fortement riche, même les énergies renouvelables sont devenus rares pour des régions, voyons maintenant que dans des zones en Haïti spécialement l'eau potable est un luxe, de partout on voit encore l'empreinte du négrier, l'esclavage sous une autre forme, la colonisation sous une autre forme, où est Dieu ? Nous voyons des pères qui vendent leurs fils a l'armée, nous voyons des mères qui vendent leurs filles à la prostitution, l'amour n'est plus à la mode, aimer n'est pas de ce siècle, l'amour ne domine plus, c'est le raisonnement du sexe ou du plaisir charnel pour de l'argent qui fait l'actualité. Où est la sensibilité dans ce monde ?

Les hommes s'entre tuent pour la vanité tandis que les armes ne proviennent pas d'eux… des leaders politiques sacrifient des villes entièrement afin de sauvegarder le pouvoir. C'est la honte humaine.

L'homme pollue la demeure des Dieux.

De nombreux gens que vous voyez ne sont pas des hommes, ce sont plutôt des diables sous des peaux d'hommes, ils abusent les faibles, ils détruisent les plus faibles, ils optent à nous tenir en esclavage car le monde est sous la domination du malin.

Le monde et la vie de nos jours s'accumulent dans un sens très similaire, donc « *un monde sans vie* ».

Nous vivons uniquement dans la peur qui nous pressionne tous.

Comment comprenez-vous un père qui vend l'âme de sa fille au sorcier pour obtenir de l'argent ou un homme qui épouse une femme dans l'unique but de l'offrir en offrande a Satan le diable afin de payer sa gage. Ça c'est un monde sans vie.

L'école qui est le chemin de la réussite de tout un chacun, elle devient un crime annuel, figurant l'espace obscur et funeste, pas de soucis, plus de relations écoliers, directeurs et professeurs, car les leaders de l'école empoissonnent nos enfants dans les cafeterias dans l'unique but que l'école prospère ; ils sont des alliés des ténèbres dans le monde invisible, la relation serrée entre le étudiants se base le plus souvent sur les rudiments du monde comme l'alcool et la drogue dans l'unique but de détruire leurs destinées. Jadis, la famille était la base de la société maintenant, c'est la centrale qui prépare les criminels notoires pour faire la volonté des démons. On ne sait qui se fier, on ne connait ni le bon, ni le méchant : « je mange avec toi pour t'empoisonner, je t'embrasse pour te poignarder dans le dos » la bonne décision ne se trouve pas dans le charnel ou dans l'ordinaire. Nous avons besoin d'une puissance, force surnaturelle dans le but de dominer le malin de ce siècle, de vivre une vie de victoire, afin d'être capable de défier Satan et ses acolytes et aussi pour vivre une vie de miracles et de prodiges afin de répondre à la volonté de notre grand Rabbi qui est de pêcher des âmes dans l'océan de la perdition satanique.

Dans l'Évangile selon Luc 10 :19 « Car je vous ai donné le pouvoir (puissance, force et autorité) de fouler aux pieds (marcher) les scorpions, les serpents et toute la puissance de l'ennemi, et rien ne pourra vous nuire » (tiré du Codex : manuscrit ancien de Luc) Considérons les termes **« Pouvoir et Marcher »**

De manière générale, dans les pays démocratiques, il y'a l'élection pour le pouvoir, mais dans les monarchies on parle de passation de pouvoir. Le terme pouvoir est une autorité légale que nous avons pour commander, révoquer, engager et accomplir des choses au nom de la Constitution ou au nom du Roi. Le pouvoir reçu est conféré et transmit par une personne qui détenait préalablement le pouvoir. Le prince reçoit uniquement le pouvoir par son père qui fut roi, le président qui vient de gagner l'élection reçoit l'écharpe présidentielle par son prédécesseur, donc le pouvoir acquis a fait surface pour le chef a cause qu'il y'avait un détenteur soit monarchique ou démocratique. De même pour les chrétiens, nous avons reçu le pouvoir entre les mains de l'Etre Suprême qui possède tous les pouvoirs. Jésus-Christ détient tous les pouvoirs, il a déclaré : Tout Pouvoir m'a été donné dans les cieux et sur la terre. Donc Jésus détient tous les pouvoirs qu'ils soient politiques, judiciaires, économiques, naturels, surnaturels dans un ordre éternel, car le temps de Dieu est l'éternité. Jésus-Christ notre Roi et Président nous a passé l'écharpe ou l'autorité monarchique entant qu'ambassadeurs du royaume ou du pays, nous sommes héritiers de Dieu et cohéritiers de Christ, nous sommes des bénéficiaires du Tout-pouvoir de Dieu et de Christ, c'est pour cela que l'historien et médecin Luc nous fait savoir que tout croyant a une boule de feu en leur sein et c'est Dieu lui-même qui alimente ce feu par le biais du Saint-Esprit. Des termes grecs comme Ischuo, Exousia et Kratos traduisent le terme français Pouvoir.

Ischuo, ce terme grec est employé dans le sens : être fort, être robuste, être en bonne santé, avoir un pouvoir montré par des faits extraordinaires, avoir la force pour vaincre, être capable de.... Exousia, ce terme grec a un sens qui peut signifier : pouvoir de choisir, liberté de faire ce qui plait, pouvoir d'autorité (influence) et de droit (privilège) ; pouvoir ou règle ou gouvernement (pouvoir auquel un commandement exige que nous soyons soumis), pouvoir du souverain, du magistrat.

Kratos signifie : force souveraine, pouvoir, puissance, être fort d'un grand pouvoir, Domination.

Le pouvoir que nous avons reçu de Dieu pour marcher sur les serpents et les scorpions vient uniquement de la toute puissante autorité de Christ, car Jésus-Christ lui-même a fait savoir qu'il détient tout pouvoir (kratos, exousia, ischuo), son plein pouvoir va jusqu'à tenir les clés de la mort et du séjour des morts. C'est lui qui fait don de la vie éternelle, donc la vie et la mort sont sur l'autorité souveraine de Christ, l'Agneau immolé qui siège à la droite du Très-Haut, le fait que christ a tout-pouvoir et le fait que nous le représentons en tant qu'ambassadeurs, il nous a doté d'une alliance par son sang qui est la marque de notre salut et en Luc 10 :19 il fait jaillir dans notre être la Domination.

Le mot hébreu « Radah » est dominer en français qui signifie régner en souverain, triompher, donner la victoire, surveiller, fouler aux pieds, subjuguer, assujettir. Le terme Radah a été retrouvé dans vingt-cinq versets de la Bible. En Lévitique 25 :43 « tu ne domineras (Radah) point sur lui avec dureté, et tu craindras ton Dieu »

Considérons aussi le Psaumes 49 :14 (15) « Comme un troupeau, ils sont mis dans le séjour des morts, la mort en fait sa pâture ; et bientôt les hommes droits les foulent aux pieds (Radah), leur beauté s'évanouit, le séjour des morts est leur demeure ». Donc la force que nous avons pour tout vaincre, pour fouler aux pieds la tête de Satan et ses légions se nomme force surnaturelle de Dieu communiqué a ses enfants, nous le recevons en acceptant Jésus-Christ et en gardant ses commandements comme preuve que nous l'aimons ; cette puissance surnaturelle se manifeste dans notre chair par le biais du Saint-Esprit de promesse qui est un personnage de la Divinité voire la toute-puissance de Dieu dans la vie de chaque croyant.

MARCHER

Si nous considérons quelques expressions où le terme marcher est relaté comme dans Psaumes 23 :4

« Quand je marche dans la vallée de l'ombre de la mort, je ne crains aucun mal, car tu es avec moi…… »

Le terme grec Peripateo signifie être en chemin, progresser, faire bon usage des opportunités. Dans le psaume 23 :4 que nous venons de citer, nous voyons que le sens marcher a rapport à vivre.

C'est quand nous vivons des choses terribles, quand la mort est à nos trousses, quand le raisin planté donne des ronces, des épines voire des herbes sauvages, quand nos relations amoureuses se changent en guerre civile, nous voyons David utilisé cette phrase quand Saül était à sa poursuite, quand son fils s'est révolté contre son règne, quand son royaume était en chute libre, nous aussi quand nous cherchons les avantages et que ce sont les des avantages qui se pointent, quand nous sommes dans une guerre spirituelle et que l'ennemi commence à prendre le dessus, alors c'est là que vous marchez dans la vallée de l'ombre de la mort, semblerait même que Dieu vous a oublié, semblerait que votre vie se tient par un bout de fil, semblerait que vous êtes sur le ring de Satan et que vous ne connaissez pas ces tactiques, et aussi semblerait même que vous n'avez plus la force de résister voire pour partir à l'offensive, en dépit de tout, même si vous êtes dans la vallée de l'ombre de la mort, même si vous menez une vie alarmante, même si vous marchez vers le déclin. Ne craignez aucun mal, malgré que vous voyiez les ténèbres vous assujettir, Dieu ne va pas vous laisser sous l'emprise de la puissance maléfique de la vallée de l'ombre de la mort, Il est fidèle ; ce que sa bouche a dit, sa main l'accomplira. Donc vous n'avez rien à craindre, Il n'est pas un dieu pour mentir, ni un fils de l'homme pour se repentir… peu importe la manière, peu importe le temps, peu importe les circonstances, ça nous est égal, Dieu va procéder d'une manière ou d'une autre, gardez la foi qu'il ôtera bientôt l'opprobre de votre destinée. Il était là pour les trois jeunes hébreux à savoir Schadrac, Meschac et Abed Nego. Selon Daniel 3

Pour Joseph le juif en Egypte, La voix du Seigneur a parlée. Selon Genèse 41. Pour le peuple Israël en esclavage en Egypte Il a agi. Selon Exode 3 :7-9

Il m'a fait savoir à travers sa parole qu'il est le même hier, aujourd'hui et éternellement. Donc je dois faire abus du pouvoir, de la force toute puissante que j'ai légalement en Jésus, car je puis tout par celui qui me fortifie. En effet, je peux tout !

Je peux tout a cause que Jésus a été crucifié à ma place, je peux tout car son sang a été coulé et par ce sang j'ai la victoire sur le monde, sur Satan et ses démons et sur toute maladies. Oui, je peux tout ! Cause que je garde ses préceptes, j'ai la loi du Seigneur dans mon cœur et je refuse tout acte du Yin, je peux tout faire a cause qu'il m'a donné le pouvoir, l'autorité et la puissance souveraine de marcher sur, de fouler aux pieds les serpents et les scorpions et d'anéantir par ma parole toute puissance de l'ennemi et rien de ce que Satan a comme prévu pour moi comme plan de destruction ne peut m'arriver car je suis enraciné, fortifié, barricadé dans la gloire de mon Roi qui a fait de moi son sanctuaire et je marche avec le pouvoir de la prière.

Que nous manque-il pour voir le surnaturel de Dieu dans notre vie ?

Quand nous regardons la vie d'hommes ordinaires comme Moïse, Joseph, Elie, Pierre, Paul, Smith Wigglesworth, Moody, Kathryn Kuhlman, Billy Graham, Yonggi Cho, ou d'autres frères et soeurs moins connus... nous constatons que tous vivaient dans leur vie « le surnaturel de Dieu. » Cependant, lorsque nous observons notre propre vie, nous remarquons que l'intervention de Dieu semble rare, voir quasi inexistante : toujours si malade, toujours dans le besoin et le manque, menant une vie amère, fade et routinière. Pourtant, nous savons que Dieu est capable d'intervenir surnaturellement dans les affaires de notre vie. Cela nous amène à nous poser cette question : « Que nous manque-il pour voir le surnaturel de Dieu dans notre vie ? »

La Bible est claire là-dessus : « Tout est possible à celui qui croit ! ». Elle dit que la foi est la vertu qui amène le surnaturel de Dieu dans notre vie. Tout se situe donc au niveau de notre foi.

Hébreux 11 : 1
1 Or la foi est une ferme assurance des choses qu'on espère, une démonstration de celles qu'on ne voit pas.
Souvent nous pensons avoir la foi, mais en réalité, notre foi est trop faible pour avoir des résultats... Nous manquons de "ferme assurance" ou/et de "démonstration de celles qu'on ne voit pas". Mais alors, une question se pose : « Comment développer notre foi pour la rendre active et dynamique afin de produire le miraculeux dans les circonstances de notre vie ? »

J'aimerais vous partager deux clés à posséder qui vous aideront à développer une foi qui produit le surnaturel de Dieu.

CLÉ N°1 : "LA LOI DE LA PERCEPTION" : PERCEVOIR LE RÉSULTAT DE SON MIRACLE

Certains prédicateurs l'appellent la « quatrième dimension », d'autres l'appellent « La loi de la perception »... Dans tous les cas, ce principe biblique fonctionne et apporte à votre foi une dimension nouvelle. En quoi consiste-t-il ? Il s'agit de régulièrement percevoir en vous, le résultat de votre miracle jusqu'à ce que cette perception devienne réalisable à vos yeux. Vous commencez alors à avoir cette « ferme assurance » dont parle l'apôtre Paul dans Hébreux 11 :1.

Par exemple, si vous êtes célibataire et que vous n'arrivez pas à entrer dans le mariage, commencez à visualiser régulièrement votre mariage, la cérémonie, puis votre mari. Percevez son caractère, imaginez votre vie de couple, voyez-vous marié et épanoui ! Vous découvrirez alors ceci : Plus vous développerez la faculté à percevoir votre miracle, plus il vous sera facile d'y croire ! Alors, ce mariage qui vous paraissait si lointain, deviendra peu à peu dans votre esprit, une réalité palpable et vous aurez suffisamment de foi pour l'amener à la manifestation.

Que celui qui est dans le besoin se voit pourvu, que celui qui est stérile voit ses enfants, que celui a une petite église rêve de milliers de membres dans son assemblée, que celui est paralysé se voit courir et se réjouisse !

Dieu a demandé à Abraham d'utiliser la "loi de la perception" pour le soutenir dans le combat de sa foi :

Genèse 13 : 14-15
14 L'Eternel dit à Abram, après que Lot se fut séparé de lui: Lève les yeux, et, du lieu où tu es, regarde vers le nord et le midi, vers l'orient et l'occident; 15 car tout le pays que tu vois, je le donnerai à toi et à ta postérité pour toujours.
Genèse 15 : 5

5 Et après l'avoir conduit dehors, il dit : Regarde vers le ciel, et compte les étoiles, si tu peux les compter. Et il lui dit : Telle sera ta postérité.
Chaque jour, nous devrions nous arrêter et prendre un temps pour percevoir les rêves de Dieu pour notre vie. Pendant que vous le faites, remerciez Dieu Le Père de tout votre coeur pour ce que vous percevez ! Il ne s'agit pas de pensées positives, mais de la foi qui voit comme possédant déjà ce qu'on espère (en accord avec la volonté de Dieu) ! Ne savez vous pas que vous finissez par croire ce que vous entendez et percevez régulièrement. Alléluia ! Oh, je vois votre situation changer, je vous vois différent, je vois la faveur, je vous vois rayonner et vous, arrivez -vous à le percevoir ? Développez cette habitude, et vous verrez votre foi grandir !

CLÉ N° 2 : "PRÉPARER SON CHAMP" EN ATTENDANT LE MIRACLE !

Connaissez-vous cette histoire : « Deux fermiers priaient pour qu'il pleuve pendant un temps de sécheresse. Mais seulement l'un des deux a pris le temps de préparer son champ pour recevoir la pluie. D'après vous, lequel des deux a été exaucé ? Et oui, c'est celui qui a pris le temps de préparer son champ, c'est lui qui avait le plus de foi. »

Comme cette histoire l'illustre, croire c'est agir ! L'apôtre Jacques a dit :

Jacques 2 : 18
18 Mais quelqu'un dira : Toi, tu as la foi; et moi, j'ai les œuvres. Montre-moi ta foi sans les œuvres, et moi, je te montrerai la foi par mes œuvres.
La foi sans les œuvres est morte. Frères et sœurs, quand nous avons demandé à Dieu d'intervenir pour un miracle, prenons la bonne habitude de préparer notre champ à recevoir ce miracle !

Par exemple, si Dieu vous a dit qu'il vous offrira une belle carrière professionnelle aux Etats-Unis, commencez à apprendre l'anglais sérieusement dès aujourd'hui. Le fait que vous commencez à apprendre l'anglais démontre que vous avez foi que bientôt Dieu vous ouvrira la porte du travail aux USA. En d'autre terme, commencez à penser et à agir en considérant que vous avez déjà obtenu ce que vous avez demandé à Dieu. Dieu ne demande pas au paralytique de marcher, ou à l'aveugle de voir, mais il leur demande de vivre comme s'il pouvait marcher et voir. C'est cela « préparer son champ », c'est cela la FOI ! Il ne suffit pas de croire dans votre cœur, il faut aussi démontrer votre foi par des actes. Souvenez-vous : les actes que nous posons témoignent de notre foi bien plus que nos paroles !

Alors qu'il n'avait pas plu depuis trois ans, le prophète Elie avait foi pour qu'il pleuve de nouveau. La Bible dit qu'il pria avec instance pour qu'il pleuve à nouveau (Jacques 5:17-18) puis après avoir prié, lui aussi a préparé son champ (1 Rois 18:41) en envoyant son serviteur regarder sept fois le ciel pour voir s'il voyait des nuages, puis il a commencé à planifier des actions avec Achab alors que la pluie n'était même pas encore arrivée. Comme Elie, n'attendez pas les bras croisés, mais préparez votre champ pour votre miracle !

Je vous encourage vraiment à ne pas baisser les bras face aux situations difficiles, mais à croire que votre foi en grandissant amènera les promesses de Dieu à leur manifestation dans votre vie ! Qu'à partir d'aujourd'hui, ces deux clés fassent partie de votre quotidien afin que vous développiez en vous la foi de Dieu qui déplace des montagnes et fait trembler l'enfer !

Prière pour provoquer le surnaturel !

« Mais, comme il est écrit, ce sont des choses que l'œil n'a point vues, que l'oreille n'a point entendues, et qui ne sont point montées au cœur de l'homme, des choses que Dieu a préparées pour ceux qui l'aiment. » 1 Corinthiens 2:9 LSG
« Voici, je vais faire une chose nouvelle, sur le point d'arriver : Ne la connaîtrez-vous pas ? Je mettrai un chemin dans le désert, et des fleuves dans la solitude. » Ésaïe 43:19 LSG

Dieu veut faire de grandes choses pour nous !
Lisons Ésaïe 43 :

« Ainsi parle maintenant l'Éternel, qui t'a créé, ô Jacob! Celui qui t'a formé, ô Israël! Ne crains rien, car je te rachète, Je t'appelle par ton nom: tu es à moi! Si tu traverses les eaux, je serai avec toi; Et les fleuves, ils ne te submergeront point; Si tu marches dans le feu, tu ne te brûleras pas, Et la flamme ne t'embrasera pas. Car je suis l'Éternel, ton Dieu, Le Saint d'Israël, ton sauveur; Je donne l'Égypte pour ta rançon, L'Éthiopie et Saba à ta place. Parce que tu as du prix à mes yeux, Parce que tu es honoré et que je t'aime, Je donne des hommes à ta place, Et des peuples pour ta vie. » Ésaïe 43:1-4

Éternel parle maintenant…

C'est Toi qui m'a créé(e), c'est Toi qui m'a formé(e)
Je refuse de laisser quiconque ou quoi que ce soit m'éloigner de Toi !
Tu es la Source de ma vie, et de mon espérance..
Parle-moi maintenant, Seigneur et je T'obéirai.

- Je refuse d'avoir peur
- Je refuse de douter ou de renoncer face à l'adversité
- Je sais que j'ai du prix à Tes yeux
- Je sais en qui je crois,
- Au Dieu vivant et vrai !

Pour provoquer le surnaturel, Dieu doit être vivant pour nous et nous pour Dieu !

- Être vivant pour Dieu
- C'est entendre Sa voix
- C'est obéir à Sa voix
- C'est être fidèle dans Sa maison
- C'est avoir une foi agissante par amour

Prions :

- L'Eternel mon Dieu est vivant !
- Dans les cieux, sur la terre et sous la terre, je déclare que l'Eternel mon Dieu est vivant !
- Je me lève avec force, je me tiens avec foi sur Sa Parole qui trace le chemin de mon miracle !
- Je me tiens dans le sang de Jésus et déclare que plus rien ne retient ma percée,
- Ma guérison, ma rédemption, ma justification me donnent libre accès à ce que Dieu a réservé pour moi !

- Je deviens un participant actif de la nature divine par mon obéissance,
- J'offre tout ce que j'ai, tout ce que je suis en sacrifice à l'Éternel.
- Je marche dans la paix,
- Je marche dans le repos,
- Je marche dans la gloire,
- Je marche dans le miraculeux,
- L'onction qui produit l'extraordinaire coule maintenant dans ma vie
- Elle me rend capable de faire des exploits
- Je marche sur l'eau, les montagnes s'inclinent devant moi, au nom de Jésus !

Le Pouvoir De La Prière

Sans aucun prétexte religieux ou philosophique, on ne peut oublier ou refuser de faire usage de la prière. Une vie de prière est une vie dominée par le Saint-Esprit. La prière est l'un des moyens les plus utilisés par les croyants de toutes les époques ; selon les témoignages, chaque jour nous confirmons que nos prières sont exaucées par Dieu. Bien des fois, Dieu entend nos prières, mais nous n'arrivons pas à entendre la réponse que Dieu nous communique. Dieu peut répondre à nos prières a l'instant et des fois aussi, Il peut répondre en son temps. Dans les psaumes 1:3 nous lisons « Il donne son fruit en sa saison »

De façon naturelle, ordinaire, on espère un fruit après sa semence, l'homme qui prie sans cesse sème et il ne cessera de semer, aussi des fois que la terre est bonne et que la pluie tombe, ce qui revient à dire que le cœur soit dans la présence de Dieu et que la voix de Dieu par le biais des prophètes est au rendez-vous, Dieu exaucera certainement la prière adressée.

De manière théologique, nous voyons qu'il existe généralement cinq grandes divisions dans la prière :

1- L'invocation

Invocation veut dire appel, invitation. Mais il faut comprendre ce que l'on entend par ce terme ; l'invocation ne signifie pas que nous invitons Dieu à être présent dans nos prières par ce que Dieu est toujours et partout présent. En réalité, dans l'invocation nous demandons à Dieu de nous aider à nous rendre compte qu'il est déjà avec nous et à nous rendre conscients de sa présence. Dieu n'est pas un étranger lointain et distant, qu'il faut inviter et persuader de nous rencontrer, Dieu est proche de nous, très proche, il est immanent et transcendant.

2- La Confession

Par la confession, nous parlons à Dieu de nos péchés et de nos fautes. Nous lui disons que nous les regrettons sincèrement et nous réclamons son pardon.

3- L'action de Grâce

Le remerciement découle de la gratitude naturelle du cœur, remercier c'est simplement louer pour le bienfait immérité. Nous devons remercier Dieu pour Jésus-Christ, le plus grand Cadeau que Dieu nous a accordé. Ensuite, pour tous les moyens de la grâce et pour toutes les grandes joies et les miracles de la vie, pour tous les dons de Dieu qui nous ont permis de faire face aux grands évènements de notre vie.

Enfin, rendons grâce à Dieu pour les personnes qui font partie intégrante de notre vie, qui nous conseille, nous aide dans notre quotidien.

4- La Pétition

C'est la partie de la prière dans laquelle nous demandons à Dieu ce dont nous avons besoin pour vivre dans tous les sens du terme.

5- L'intercession

C'est dans l'intercession que nous présentons à Dieu les besoins du monde pour qu'il bénisse et intervienne. Devant Dieu, nous nous souvenons de tous ceux qui sont malades ou dans la détresse et de ceux dont nous savons qu'ils ont particulièrement besoin de la bénédiction divine.

Il donne son fruit en sa saison, même si nous voyons que la terre est désertique, Dieu va faire pleuvoir un miracle et des prodiges, nos demandes vont être agrées, nos semblables qui sont malades seront guéris, si et seulement si nous prions avec une ferme assurance. Dans la lettre que Saint Paul adressa aux chrétiens de Thessalonique nous retrouvons un ordre circulaire pour toutes les générations : « Priez sans cesse ». Non seulement il faut prier sans cesse, mais il faut aussi faire connaitre à Dieu tous nos besoins par des requêtes de prières et des supplications. La prière est exquise dans la vie du croyant, c'est le premier pas vers la maturité spirituelle ; la prière est une vaste de terre où nous récoltons les fruits de nos besoins adressés à Dieu. Ne cessons en aucun cas de communiquer avec notre Père céleste, la bible relate qu'un père ne donnerait jamais un serpent à son fils s'il lui demandait du pain. Notre Dieu c'est notre papa chéri, si nous lui demandons un gâteau, il ne nous donnera pas des roches bouillantes. Donc la prière fait voir la bonté de Dieu. Notre Dieu est le Bon des Bons, donc le Bonbon tant aimé de ses enfants, par ce que les projets qu'Il a pour nous ne sont pas des projets de destructions comme les projets du malin mais ils sont des projets de paix pour nous conduire vers de verts pâturages donc vers une destinée glorieuse. Quand nous sommes au bureau, à la maison, et même quand nous sommes en train de diner parlons avec notre papa chéri, Il sait de quoi nous sommes formés, Il se souvient que nous sommes des poussières, mais des poussières qui participent à sa nature, des poussières surnaturels voire extraordinaire. Adressons nous a Dieu, quand la communication semble manquer de réseau car nous pouvons penser que nous ne sommes pas assez propre ou vous pouvez avoir des petits malentendus avec votre papa qui est notre papa, adressons lui des lettres, postons lui des lettres. Tout comme les petits enfants qui écrivent ce qu'ils ont besoin pour Noël, écrivons de même à Dieu, Il a écrit sur des tables de pierre les lois de la Torah, c'est le temps d'écrire des prières et de les poster dans les murs de votre chambre, lorsque Dieu verra votre mail ; Il vous répondra par la poste du ciel en vous ouvrant les exclus des cieux pour faire déborder sur vous et vos semblables toutes sortes de bénédictions. Continuons à semer dans le jardin de Dieu par la prière afin de récolter les fruits dans nos jardins, quand nous prions, prions avec foi, la prière sans la foi c'est un discours charnel.

En sa saison

De manière générale on distingue quatre saisons qui sont l'été, l'automne, le printemps et l'hiver ; mais dans la spiritualité christocentrique nous distinguons deux grandes saisons tout au long de notre existence, la première et la dernière saison. De manière laconique en Deutéronome 11 :14 « Je donnerai a votre pays la pluie en son temps, la pluie de la première et celle de la dernière saison, et tu recueilleras ton blé et ton huile »

De même en Jérémie5 :24 « Ils ne disent pas dans leur cœur : craignons Yahweh notre Dieu lui qui donne la pluie, celle de la première saison, et celle de l'arrière-saison en son temps, et qui nous garde les semaines destinées à la moisson »

D'une manière surnaturelle, la première saison c'est quand nous jouissons des bénédictions patriarcales, comme les patriarches possédaient des terres, des troupeaux, des domestiques en quantité nous aussi quand nous possédons une entreprise, elle va croitre au-delà de nos calculs de management, quand nous possédons une ferme, les animaux vont croitre en grand nombre, quand nous allons nous marier nous allons trouver de belles femmes et de beaux hommes afin que nous ayons de beaux enfants, quand nous mettons en terre un grain nous récolterons des centaines, car la bénédiction des pères font partie intégrale de notre vie, la bénédiction ancestrale que nous bénéficions vient des promesses de Dieu faite à Abraham quand Yahweh lui a dit en lui des nations seront bénies, nous sommes ses nations qui jouissent de ces bénédictions. Les bénédictions de l'arrière-saison ou de la dernière saison sont les bénédictions que nous en jouissons maintenant, des bénédictions technologiques, des voitures luxueuses que nous possédons ou que bientôt nous possèderons, des maisons intelligents de grandes luxes que nous habitons, des voyages que nous faisons car Dieu n'a pas de frontières ainsi que ses enfants, nous jouissons des faveurs de Dieu auprès des ambassades charnels qui nous dit toujours bon voyage, nous fréquentons des endroits où nous pensons des fois que ce n'est pas notre place, mais si, c'est la place de Dieu, car Il a créé la terre et toutes ses richesses afin que ses enfants en jouissent. Mais quand a toutes ces Bénédictions Dieu les accordent en son temps, Dieu les donnent en sa saison. Donc à l'heure prévue par Dieu pour la récolte, a l'heure que

Dieu a fixé pour faire luire sa source lumineuse sur ta destinée. Tout autant que la saison n'est pas encore venue continue à semer dans la prière et à arroser les semences par l'adoration et la louange. Quand votre vie de prière subsiste, il y'a une force qui va venir rafraichir la semence, sous la chaleur de la terre, cette force qui est symbolisé par l'air (vent) n'est que le Saint-Esprit de promesse.

Qui est le Saint-Esprit?

Dans le livre de Job 33 :4 « L'Esprit de Dieu m'a créé, et le souffle du tout puissant m'anime » en ce sens, clairement nous voyons que le Saint-Esprit est une personne de la création, dans Genèse 1:2 « l'Esprit de Dieu dans la création mouvait au-dessus des eaux ».

Le Saint-Esprit en tant que personne de la trinité est symbolisé par le souffle (pneuma), la colombe, l'huile, le feu, l'eau ; il est connu par un ensemble de théologiens comme étant la force active de Dieu et pour d'autres comme moi, c'est une personne de la trinité qui a participé dans la création, Il est le Dieu véritable qui domine l'homme et aussi qui a marqué chaque être humain par son souffle et l'éternité de sa nature qu'il a placé dans le cœur de l'homme. En Jean 4 :24 « Dieu est Esprit et il faut ceux qui l'adorent l'adorent en Esprit et en vérité ».

L'homme est créé à l'image de Dieu, or l'image est la représentation exacte de l'objet, nous voyons l'homme décrit en 1 Thessaloniciens 5 :23 comme un être composé de trois parties et ces trois parties selon Saint Paul sont : l'âme, l'esprit et le corps. Notre Dieu qui nous a créé aussi possède trois parties c'est-à-dire qu'il a un corps visible qui est Jésus-Christ, qu'il a une âme qui est Dieu le Père et il possède un Esprit qui est le Saint-Esprit.

Le Saint-Esprit est l'auteur des inspirations, la Bible déclare que c'est poussé par l'Esprit que les saints hommes de Dieu ont parlé. Selon 2 Pierre 1 :21 . Le Saint-Esprit nous aide à comprendre ce que la parole de Dieu dit ; nous n'avons pas besoin qu'on nous enseigne, car le SaintEsprit nous révèlera toute la vérité concernant le Royaume. En Apocalypse 2 :7, nous voyons quand l'apôtre que Jésus aime s'adresse aux sept églises d'Asie mineure, nous voyons : « que celui qui a des oreilles entende ce que l'Esprit dit aux églises »

En ce sens, nous voyons clairement que c'est le Saint-Esprit qui parle aux églises, aux anges des églises, aux membres des églises afin qu'ils sachent comment marcher hors du commun en vivant le surnaturel avec le Saint-Esprit de Dieu. Le Saint-Esprit opère des partielles du surnaturel dans la vie des croyants en Dieu remarquons que même dans l'ancienne alliance le surnaturel que donne le Saint-Esprit de Dieu a été manifesté. Dans la vie du prophète Elie par exemple nous remarquons 25 faits surnaturels dans son ministère prophétique.

Les 25 faits surnaturels du ministère d'Elie (1 Rois et 2 Rois)

1. Elie annonce que la pluie va cesser de tomber (1 Rois 17:1,7 et18:35).
2. Elie est envoyé au torrent de Kérith (1 Rois 17:2-4).
3. Elie est nourri par des corbeaux au torrent de Kérith (1 Rois 17:5-7).
4. Elie est envoyé chez la veuve de Sarepta (1 Rois 17:8-9)
5. Farine et huile inépuisables chez la veuve de Sarepta (1 Rois 17:10-16)
6. Résurrection du fils de la veuve de Sarepta (1 Rois 17:17-24)
7. Elie reçoit l'ordre de se présenter devant Achab (1 Rois 18:1-2)
8. Le feu descend du ciel sur l'autel du mont Carmel (1 Rois 18:7-40)
9. Elie annonce le retour de la pluie (1 Rois 18:41-44)
10. La pluie revient (1 Rois 18:45)
11. La course d'Elie (1 Rois 18:46)
12. Elie est nourri sous le genêt (1 Rois 19:1-6)
13. Elie marche 40 jours vers la montagne d'Horeb (1 Rois 19:7-8)
14. Elie rencontre l'Eternel sur la montagne d'Horeb (1 Rois 19:9-18)
15. Prophétie contre la lignée d'Achab (1 Rois 21:17-22,24-29)
16. Prophétie sur Achab repenti (1 Rois 21:27-29)
17. Prophétie contre Jézabel (1 Rois 21:23)
18. Prophétie contre Achazia, fils d'Achab (2 Rois 1:1-8) 19. Cinquante hommes consumés (2 Rois 1:9-10)
20. Cinquante autres hommes consumés (2 Rois 1:11-12)
21. Seconde prophétie contre Achazia, fils d'Achab (2 Rois 1:15-16)
22. Elie est averti qu'il va être enlevé (2 Rois 2:1-7)

23. Traversée du Jourdain (2 Rois 2:1-8)
24. Prophétie relative à la double portion demandée par Elisée (2 Rois 2:9-10)
25. Enlèvement d'Elie (2 Rois 2:11-12)

Donc ce n'est pas seulement dans cette ère pneumatique que le surnaturel de Dieu s'est manifesté, le surnaturel s'est manifesté dans la Théocratie et dans la Christocratie, dans cette alliance spirituelle le surnaturel est à l'œuvre pour un temps indéfini, car c'est une alliance basée sur l'éternité par le Sang même du Tout-Puissant.

Dans une vie surnaturelle le Saint-Esprit instruit le croyant dans la parole de Dieu selon Jean 14 :26 et 1 Jean 2 :20

«Mais le consolateur, l'Esprit Saint, que le Père enverra en mon nom (Jésus-Christ), vous enseignera toutes choses, et vous rappellera tout ce que je vous ai dit »

« Pour vous, vous avez reçu l'onction de la part de celui qui est saint, et vous avez tous de la connaissance »

Quand le Saint-Esprit instruit le croyant en Jésus-Christ dans la parole de Dieu, le croyant connait toute la vérité, car c'est par l'onction de vérité que le Saint-Esprit enseigne.

En second lieu, le Saint-Esprit lui donne la puissance sur tous, la force surnaturelle de dominer sur tout le naturel, cette force ou cette capacité surhumaine est la preuve que nous sommes fils et filles de Yahweh.

Dans Romains 8 :14 « car tous ceux qui sont conduits par l'Esprit de Dieu sont fils de Dieu ».

Le Saint-Esprit c'est une boussole, c'est le pédagogue par excellence ; le Saint-Esprit rempli le croyant parce que l'homme a un vide dans le cœur que seul l'éternité peut combler, et le Saint-Esprit est le seul être qui peut habiter éternellement l'homme en comblant ce vide ; le SaintEsprit fait germer le fruit de l'esprit dans chaque croyant selon galates 5 :22

Le Saint-Esprit vivifie le croyant dans toute sa splendeur Jean 6 :63

Le Saint-Esprit régénère le croyant Jean 3 : 3-8

Le saint esprit est le sanctificateur de chaque croyant en christ, il donne la sanctification a la vie humaine et à la vie spirituelle du croyant, donc

le Saint-Esprit participe à la sanctification totale. Généralement, il existe 3 types de sanctification, la sanctification progressive, la sanctification judiciaire et la sanctification hors du commun.
La sanctification progressive en visage a une responsabilité de l'âme et du corps, ce qui veut dire nous protégeons notre corps contre les discussions qui peuvent atteindre notre vie spirituelle, donc la sanctification progressive, c'est que nous évitons tous les dangers qui peuvent dégénérer notre âme, notre corps et notre esprit à ne pas succomber au péché. Nous savons que Dieu hait l'adultère voire l'impudicité, quand nous marchons dans la sanctification progressive nous fuyons l'impudicité de façon volontaire. Quand de jour en jour, nous évitons le mal moral biblico doctrinal christique, nous nous approchons vers la sanctification progressive.
La sanctification judiciaire révèle de la justice de Dieu, on obtient la sanctification judiciaire en acceptant Jésus-Christ, c'est ce que les théologiens donnent le nom de sanctification paternelle, la raison c'est par ce que notre Dieu est juste et par la Constitution de Sion, nous avons une certaine légalité auprès de Dieu par Jésus, l'acte qui nous condamnait a été déchiré, livré en spectacle sur la croix, cet acte a été anéanti par le Sacrifice de mon Seigneur et de mon Dieu qui fut un sacrifice expiatoire et propitiatoire, et maintenant nous jouissons de l'acte de reconnaissance de la part de notre Père, le Dieu suprême, et en plus, nous avons subi une transformation a tous les niveaux de notre être entièrement au laboratoire de Christ afin que nous participons à la nature divine qui est déjà la marche dans le surnaturel et qui donne une vie nouvelle, une vie hors du commun.
En acceptant Dieu par Jésus-Christ, par transitivité le Père est en nous, et la nature du Père est la Sanctification (Sainteté), notre Dieu est Saint et Il le restera à jamais, car la Sainteté est inhérente à la nature de Dieu. Nous sommes héritiers de sa nature en Jésus-Christ, par sa justice nous héritons de la sanctification que jouit le Père dénommée Sanctification judiciaire. La sanctification judiciaire est éternelle. C'est pour cela que malgré toutes les choses abominables que faisaient les premiers chrétiens les apôtres les appelèrent tous « saints » ; dans la Bible nous lisons : « qui accusera les élus de Dieu ? C'est l'Eternel qui sanctifie »

Romains 8 :33. La sanctification judiciaire ou paternelle vient par la bonté absolue du Père.

Dieu choisit de nous sanctifier à cause que nous avons accepté son Oint. Qui dit accepter Jésus dit qu'il y'a eu un sacrifice, qu'il y'a un sang qui a été coulé au lieu du Crâne. En acceptant la mort de Christ, nous ressuscitons avec la sanctification du Père. Les croyants en Christ sont scellé par la Puissance du Saint-Esprit qui les comble, donc vous aurez le mal en horreur à cause de la sanctification du Père.

La sanctification hors du commun est la sanctification des objets, c'estàdire dédier des objets pour le Sanctuaire, pour le travail sacerdotal, voyons que Dieu a demandé de faire un vase en or pur et de le sanctifier. Ceci dit que le vase doit être mis à part et ne pas être utiliser comme les vases ordinaire mais uniquement pour le temple. Le Saint-Esprit a les mêmes attributs que Dieu, Il est véritable, Fidèle, Juste, Amour et plein de Miséricorde. Il est la personne divine qui a la mission de consoler chaque croyant et de les garder toujours en Joie, il ne peut pas abandonner le croyant comme certains le pensent, mais il peut être attristé voire inactif dans la vie du croyant, il est selon les dires du Révérend Gabina Euchera Désir comme une ampoule électrique, quand nous sommes dans le-là de Dieu elle est allumée, mais quand on est détourné de la loi divine elle est éteinte voire inactive, en espérant que vous soyez reconnecté pour recommencer son activité légale, même si elle est éteinte ; elle est capable de faire ressentir sa présence dans la vie du croyant , en rappelant au croyant qu'elle est là et que le croyant détourné de sa voie doit se repentir pour reprendre le chemin du bon berger.

Le surnaturel que le Saint-Esprit fait vivre est tout ce qui ne peut être connu que par la Foi.

Nous renversons des forteresses par la foi, nous menons des combats spirituels et notre victoire est assurée par la foi, nous amenons toute pensée captive à la connaissance de Christ par la foi, aucun chrétien ne peut vivre le surnaturel sans la foi. La foi surnaturelle des chrétiens authentique n'est pas la foi qui sauve ni l'espérance que Dieu pourra ou viendra pour nous délivrer, mais c'est une foi sans égale, c'est la foi qui fait naitre des miracles et des prodiges, car notre dieu est YahwehPeratzim, par sa bonté Il nous exauce par des prodiges soudains.

La gloire que nous vivons, c'est une gloire surnaturelle (extraordinaire) par transitivité ou relation en Christ, de même la victoire sur toute la puissance de l'ennemi nous l'avons par positionnement en Christ, nous pouvons crier avec certitude et espérance : « ô mort ! Où est ta victoire ! » Celui qui nous vivifie, qui nous donne cette nature divine est réelle, nous vivons une dimension nouvelle que le Révérend Pasteur David Yonggi Cho qualifie de la quatrième dimension, nous vivons une vie que nous ne pouvons même comprendre, déjà humain et encore sur terre nous vivons la vie éternelle, nous goutons l'avant-gout du ciel.

Jésus a dit celui qui croit en moi à la vie éternelle. Ce n'est pas du chantage, nous avons cette vie, nous sommes la race élue qui participe à la nature de Dieu.

Nous sommes appelés à créer, à faire connaitre au monde entier que Dieu a envoyé son Fils Jésus pour ôter la noirceur adamique qui est en chaque homme et transformer les croyants en dieux. En croyant en Christ, nous ne sommes plus des hommes, nous sommes devenus des dieux. Nous avons été régénérés, transformés, voire recréés par Dieu, l'homme peut donner naissance à un homme, mais Dieu ne peut pas donner naissance à des hommes (dans le sens que Dieu fabrique des dieux et les hommes font des hommes). En psaumes 82 :6 nous lisons : « j'ai dit : vous êtes des dieux, vous êtes tous des fils du TrèsHaut »… réf. Jean 10 :34. Dans la Septante, nous voyons que Dieu (Yahweh) a fait de Moïse un Dieu pour Pharaon. Exode 7 :1 « l'Eternel dit à Moïse : vois je te fais Dieu pour pharaon : et Aaron, ton frère, sera ton prophète ». En tant que dieux, nous possédons une nature surnaturelle pour commander les tempêtes de la vie naturelle, pour calmer toutes vagues satanique, nous avons une capacité en JésusChrist de bénir et de maudire, nous avons une pleine puissance décrite dans l'Evangile de Marc et cette puissance ne s'obtient ni par les œuvres, ni par les sacrifices, mais uniquement par le moyen de la foi. La foi fait voir la ruine de l'impossible… l'impossible signifie ce qui ne peut être, ce qui ne peut se faire ; par cette puissance surnaturelle, nous crions : l'Impossible est Possible !

Dans Marc 16 :17-18, le Seigneur a mis en évidence le pouvoir de ses dieux. Le pouvoir que nous avons en nous c'est pour accomplir des merveilles, nous n'avons plus une langue pour parler de tout et de rien, car notre nature surhumaine donne vie à ce que nous prononçons, les démons fuient devant nous, car notre nouvelle nature divine fait trembler la demeure de Satan et de ses légions. Nous avons le mot ; notre parole n'est plus lettre, mais elle est accompagnée de puissance pour renverser des forteresses, comme Jésus en Apocalypse a une épée dans sa langue pour combattre l'antéchrist, nous aussi nous avons une épée dans notre langue pour combattre l'accusateur qui rôde autour de nous. Les portes de l'enfer ne prévaudront point contre nous, car nous sommes membres du corps de christ, nous sommes l'Église, nous sommes l'épouse de Dieu, nous sommes les sacerdoces du Royaume éternel, nous sommes zélés pour la propagation de l'évangile de foi et notre zèle est une arme redoutable contre les ennemis de la croix. Un bon guerrier n'est jamais éloigné de ses armes, c'est pour cette raison que nous devons nous armer, nous fortifier dans la force toute puissante de l'Eternel des armées, nul besoin d'anticiper sur le combat spirituel et les mystères de la nuit, car le pouvoir qui est en nous est sans limite, nous pouvons depuis notre chambre réduire la puissance de l'ennemi a plus de cinquante mille kilomètres de nous et encore plus, tout cela par la foi.

Le pouvoir du verbe et de la numérologie

Rien de ce qui se passe dans le naturel n'est le fruit du hasard, il y'a une raison spirituelle voire surnaturelle a tout. L'univers est un système ordonné et les nombres font partie intégrante du système. Galilée disait que le livre de la nature est écrit en langage mathématique. Quand on dit verbe et chiffre, on fait allusion à la parole, expression de la pensée par les mots. Le chiffre est définit comme une manière secrète d'écrire par le moyen de certains caractères numériques dont on est convenu avec ceux à qui l'on écrit, on peut dire que les chiffres constituent l'alphabet des nombres. L'Eternel parla à Moïse en Exode 27 :4. « Tu feras a l'autel une grille d'airain en forme de treillis, et tu mettras quatre anneaux d'airain aux quatre bout du treillis » Nous voyons dans ce

passage une révélation que la parole contient le verbe et de la numérologie. Quand Dieu parle, Il peut utiliser des manières différentes ; Il peut parler clairement ou au moyen des symboles ou en utilisant des numéros, d'où le terme numérologie chrétienne. La Bible qui est la bonne nouvelle surgit à l'efficacité totale du principe communicateur. La Parole qu'elle soit prononcée ou écrite c'est une révélation de Dieu qui est destinée premièrement à tous les croyants de tous âges et de toutes époques puis au reste du monde. Si la bible est le communicateur, la parole est le communiqué ; de ce fait il faut des émetteurs, donc plus de quarante rédacteurs, c'est pour cela en 2 Pierre 1 :21 il est écrit que c'est le Saint-Esprit qui communique la pensée divine aux rédacteurs en les faisant libre d'utiliser leurs propres styles d'écritures. Dans la théologie systématique qui regroupe un ensemble de sciences ou de discours sur des sujets classés par système, nous voyons une science à part entière qui est l'herméneutique biblique, elle est responsable de l'interprétation des textes saintes selon leurs contextes, la parole qu'elle soit verbe ou numérique voire symbolique est interprété par cette discipline à part entière. Un texte pris hors de son contexte est un prétexte. La valeur de la parole repose dans son contexte. Rappelons que l'apôtre Jean l'aimé de Christ déclare dans son évangile qu'au commencement était la parole, la parole était Dieu et toutes choses ont été faites par elle. (Tiré de l'évangile de Jean1 :1)
En peu de mots, la parole est Dieu et la puissance pour créer, dominer, assujettir est la parole, par ce que rien de ce que Dieu a fait n'a été fabriqué sans elle. Un prédicateur célèbre qui est actuellement aux entrailles de la terre disait toujours : Dieu pense, le Saint-Esprit agit (dans le sens de discuter les différentes options permettant de résoudre le problème) et Jésus-Christ crée, a partir de la pensée de Dieu et de l'agissement du Saint-Esprit, la création est inévitable. Donc c'est l'unité parfaite, trois personnes qui dépendent l'une de l'autre en respectant un ordre hiérarchique divin, car sans la hiérarchie il n'y a que l'anarchie.

Dieu nous a donné la possibilité de le connaitre à travers la Bible. La Bible reste et demeure le moyen primaire par lequel nous pouvons retracer la révélation de Dieu. Sa parole est une lampe sur notre chemin et qui éclaire nos pas, elle est la force du chrétien dans les combats contre les esprits. Il y' a un témoignage de frère Antoine (le nom a été changé) qui recevait chaque soir la visite d'un succube.

Succube par définition est un démon qui prend la forme ou l'apparence d'une femme pour abuser sexuellement d'un homme pendant son sommeil, le contraire du succube est l'incube. Et ce succube abusait Antoine et chaque soir, il était sans défense face à ce démon… et un jour, il consulta son berger (Pasteur de son église) et le pasteur pria avec lui le Seigneur en adressa la requête d'armer Antoine avec le nom et le sang de Jésus-Christ, à la tombée de la nuit, le démon était là prêt à passer à l'acte, mais cette fois le démon voulait lui prendre par derrière (anal) a l'instant même Antoine cria : Jésus ! Et soudainement la porte s'ouvrit et c'était la délivrance, depuis ce jours aucun incube ni succube n'est venu abuser Antoine. La parole peut adhérer notre peine ou notre joie, notre faiblesse ou notre réconfort. Nous ne devons pas jouer avec ce qui sort de notre bouche. La parole prononcée est ton maître, celle que tu gardes au plus profond de ton âme est ton esclave.

La Bible déclare que la vie et la mort sont au pouvoir de la langue. Celui qui veut la paix parle de la paix de même celui qui veut la ruine parle de la ruine et n'obtient que la ruine. Jésus rencontra le paralytique et il lui dit : « lève-toi et marche ». Le pouvoir qui est dans la parole agit et c'est surnaturel que le paralytique se lève et marche sans avoir subi une thérapie médicale, c'est un prodige à nos yeux. « Le surnaturel ne fait qu'étonner ». Le grand créateur a pris du néant pour mettre à l'existence par le pouvoir du verbe et en respectant les règles de numérologie qu'il a lui-même préétablies. Les pasteurs devant qui les démons furent fuient ne vivent que dans la prononciation des paroles prophétique. Dès fois, il y'a des chiffres dans la parole ou dans la révélation, prenons exemple des sept plongées de Naaman, des sept tours de Jéricho, des trois jours de la Reine Esther… la numérologie dans la bible est codée. On utilise les nombres dans la parole afin de mystifier la révélation, comme c'est le cas pour la marque 666. Quand Jésus prophétisa lorsqu'il a dit : tout comme Jonas a passé trois jours et trois nuits dans le ventre du poisson, de même ; le fils de l'homme passera trois jours et nuits au sein de la terre. Ceci est un mystère pour les yeux voilés, et ce mystère c'est l'enterrement de Christ qui a passé trois jours et nuits dans le sépulcre. Dieu a parlé des sept chandeliers d'or. Pourquoi le chiffre sept ? Les sept chandeliers d'or symbolisaient jadis la présence de Dieu dans le temple et aussi chaque branche des chandeliers symbolisait un Esprit de Dieu d'où les sept Esprits de Dieu décrit en Isaïe 11 : 1 qui sont :

1- Esprit de sagesse
2- Esprit d'intelligence
3- Esprit de conseil
4- Esprit de force
5- Esprit de connaissance
6- Esprit de crainte 7- Esprit de Justice

Ces sept Esprits symbolisent la perfection voire la sainteté de l'Esprit de Dieu, c'est un ensemble d'Esprit qui forme le package du SaintEsprit. Naaman a eu l'oracle qu'il doit plonger sept fois, le pouvoir de la parole s'est opéré après les sept plongées.

Dieu utilise la numérologie pour stabiliser, orienter, justifier, c'est pour cela que c'est à la septième plongée que Naaman a eu la touchée de Dieu et non à la cinquième et même le sixième. Quand on ignore la numérologie de la parole, on passe à côté des Bénédictions que Dieu a décernées dans la parole. C'est après exactement les sept tours que les murailles de Jéricho furent ébranlées. En tant que chrétien, il faut vivre dans la parole de Dieu et toujours porter attention aux chiffres dans une révélation.

Révélation sur quelques chiffres 1 à 12

1. Unité, chiffre de la divinité, symbole de solitude et de commencement.
2. Chiffre du couple, chiffre qui symbolise l'accompagnement, l'association, la dualité.

3. Chiffre de la trinité, symbole de la créativité, adaptabilité, expression, sociabilité, sensibilité, communication, dispersion et découragement.
4. Chiffre de la souffrance et de la terre, symbole de la rigidité, déséquilibre, obsession, pessimisme, épreuve.
5. Chiffre de la grâce, de la liberté, c'est le chiffre de la vie, du dynamisme, de la mobilité.
6. Chiffre de l'homme, symbole de la famille, l'harmonie, symbole du matériel unifié avec le spirituel (étoile six branches juive)
7. Chiffre de la perfection, symbole des saints sacrements, des dons du Saint-Esprit et des vertus.
8. Chiffre de l'accomplissement, résurrection, renouveau
9. Chiffre des anges et des esprits par ce qu'il y'a 9 dons de l'Esprit et 9 chœurs d'anges
10. Quorum, symbole de la loi morale.
11. Chiffre du manquement, rareté, nécessité et besoin
12. Nombre de la famille de Dieu, symbole de l'élection du gouvernement de Dieu

Dans les combats spirituels, la parole de Dieu nous sert d'épée qui est une arme à double fonction : elle est défensive et offensive. Le Psaumes 91 ; jadis les juifs chantaient les psaumes, voilà pourquoi c'est noter cantique de David, des frères de Korè, d'Asaf, les psaumes sont essentiels pour rendre gloire à Dieu, les psaumes sont utilisés pour démontrer la présence de Dieu voire sa manifestation. Dans 2 Chroniques 5 :13-14 le Roi Salomon eut fini tout l'ouvrage de la maison d'YHWH, fit porter l'arche de l'alliance dans le Temple, et là on commença à adorer le Seigneur avec le Psaumes 118, on commençait à sonner les trompettes, on louait l'Eternel et à ce moment –ci une nuée remplit la maison de Dieu, le tabernacle est revêtu par toute la puissance du Saint-Esprit. Quand nous chantons et récitons les psaumes, nous attirons la puissance de Dieu à se manifester dans notre vie.

Nous devons connaitre la parole de Dieu (verbe et numérologie) afin que les exclus des cieux s'ouvrent sur nous et que les Bénédictions du Seigneur se déversent sur nous et nos semblables. Les hommes ont créés les armes pour détruire le monde et ils ne les trouvent pas assez efficace et maintenant ils se lancent dans le nucléaire. Mais Dieu nous a armés avec des armes plus puissantes que toutes les armes du monde réunies, nous avons des minutions plus puissante et plus nombreuses que toutes les minutions actuelles qui existent dans le monde. Nous avons une force surnaturelle qui peut bloquer toutes les armes, nos armes sont tellement puissante qu'elles peuvent guérir au lieu de faire souffrir, elles peuvent transpercer le visible et atteindre l'invisible pour le mettre hors d'état de nuire. L'arme la plus puissante que nous avons est si petite c'est notre langue et les minutions sont les paroles que nous prononçons. Ne parlons pas de la mort, parlons de la vie ; ne parlons pas d'échec, parlons de réussite ; ne parlons pas de maladie, parlons de guérison ; ne parlons pas de stérilité, parlons de fertilité ; ne parlons pas de Satan, parlons de Jésus-Christ. Prenons l'exemple de Jésus qui n'a pas parlé de mort mais de sommeil, car la fille allait se réveiller par la voix du Christ : Talitha kumi. Ne parlons pas de tristesse, parlons de joie ; n'emmagasinons pas l'esprit pessimiste dans notre vie, emmagasinons de préférence l'esprit optimiste ; car l'onction qui est en nous se manifeste par ce que nous déclarons. Ne soyez pas troublé par l'apparence du mal, le malin est passager ; ne parlons point de destruction, parlons de construction, de promotion, de provisions.

Satan quand il tenta Jésus lui dit : Il est écrit. Mais Jésus à son tour lui dit : Il est aussi écrit. Quand bien même avec la puissance destructrice de Satan qui veut nous induire au mal, réactivezvous avec le pouvoir de la Bonne Parole qui est l'Evangile. Si Satan nous fait savoir que Dieu a accepté Sarah et Agar pour Abraham, répondez-lui que la polygamie n'est plus avec le temps de la grâce, car il est aussi écrit que chaque homme ait sa femme. Si Satan nous dit de voler comme Zachée afin de nous enrichir, répondez-lui que Zachée a donné le surplus de ce qu'il avait pris. Si Satan nous dit de suivre Jacob, répondez-lui qu'il fut converti à cause de son nom Israël. Si Satan nous dit d'être orgueilleux, répondez-lui que Dieu à travers la Bible déclare qu'Il résiste aux orgueilleux mais Il fait grâce aux humbles. Si Satan nous dit qu'il nous aime beaucoup, répondez-lui que Dieu a tellement aimé le monde qu'il a donné son fils unique Jésus-Christ en rançon pour que nous ayons la vie que Satan, oui ! Toi, Satan, la vie que tu n'auras jamais.

Arrêtez de tomber dans les pièges de Satan, il sait ce qui est écrit mais ne saura guère ce qui est aussi écrit.

La bible déclare qu'un roi fit un songe et à son réveil, il oublia le songe et il fit appeler tous les sages, les astrologues, les devins, les prêtres, les prophètes des dieux de son royaume, les sorciers, afin de lui rappeler le songe et aussi de l'interpréter ; la bible fait savoir que ni les sorciers, ni les astrologues, ni les devins, ni les autres corps des prêtres ne pouvaient exécuter la volonté du roi ; cela veut dire que Satan ne nous connait pas, il essaie de nous connaitre à travers nos actes posés, il ne peut pas sonder nos cœurs, il ne peut pas connaitre nos pensées mais il a le pouvoir de les corrompre, c'est pour cela que c'est par nos yeux fenêtres de nos âmes que Satan pénètre dans nos vies et nous habite, et c'est pour cela que nous sommes dans une lutte acharnée avec les forces du mal que Satan gouvernent. Nous sommes tombés pied et tète dans le combat spirituel.

Qu'est-ce que réellement le combat spirituel ?

Le combat spirituel est un domaine méconnu, controversé et ambigu pour la majorité des croyants en christ ainsi que pour nombreux non croyants. Il est une opposition entre deux royaumes : le royaume de la lumière et le royaume des ténèbres, il est aussi une antinomie entre deux alliances, l'alliance avec le Yang et l'alliance avec le Yin. Cette antinomie date de la genèse des temps où Satan le diable a décidé de s'opposer à la toute gouvernance de Dieu, et pour cela il a convaincu et persuader un tiers des anges du ciel pour qu'ils adhèrent à sa cause néfaste. En réalité, le combat spirituel fait entrer en ligne de compte les autorités, les dominations, les trônes, les dignités et les principautés sans compter les esprits de l'air et des cieux, les esprits des eaux, les esprits de la terre, les esprits de la mort. Le combat spirituel a pour finalité la manifestation de la toutepuissance de Jésus-Christ dans les régions élevées et inferieures, afin que les apostolos, les envoyés de Dieu soient respectés par les démons et les hommes ; car la puissance surnaturelle en eux (les envoyés de Christ) mérite d'être respectée au-delà des frontières et des sentiers des mers. L'incrédulité des chrétiens empêche souvent la manifestation de la gloire et de la toutepuissance de Dieu dans leurs vies. Le combat spirituel est définit comme étant un affrontement en esprit entre deux forces, deux autorités, deux guerriers et acquises a des causes différentes : les forces armées du yang et celles du yin ; les forces armées de Dieu et celles du malin… les forces du yang tirent toute leur autorité spirituelle du Seigneur Créateur du cosmos tandis que les forces du yin tirent toute leur autorité dans les œuvres du malin, c'est-àdire du diable, Ashkatan, couramment appelé Satan, Lucifer ou le prince de ce monde . Le combat spirituel engage les résidents des deux royaumes spirituels. L'objectif visé par Dieu est de libérer l'homme du péché, des liens des ténèbres et de la mort et la donation du salut éternel par la foi en son Fils unique sacrifié ;

Dieu donne la vie, la santé, l'abondance et toutes sortes de Bénédictions, mais l'objectif de Satan (diable) est de rendre captif le maximum d'âmes possibles pour l'enfer éternel, sa mission est de tuer, ruiner, dérober et détruire ; mais Jésus est pour que vous menez une vie hors du commun, une vie d'abondance, pas seulement financièrement, mais une abondance complète à tous les niveaux, pour que vous soyez des nobles, pour que vous soyez comblés de toutes vos nécessités (Indigences). Dans tout combat spirituel, on voit l'intervention des défenseurs, des partisans, en un mot, des soldats des deux camps. L'armée de Dieu et celle des démons font intervenir différents acteurs visibles et invisibles ; les différents acteurs que Satan utilise seront décrits plus bas.

L'armée de Dieu comme toute armée naturelle est composée de soldats, de capitaines, de généraux et d'autres grades qui lui est propre comme le général Dieunedort Kamdem qui est un haut gradé dans l'armée de Dieu sur terre ; pour faire partie de l'armée de l'Eternel et pour participer au combat spirituel, il faut remplir certaines conditions sine qua non comme être né de Dieu qui est un processus qui contient la repentance, la conversion, l'acceptation de suivre Christ qui comprend le renoncement de soi, le chargement de sa croix au quotidien, ensuite il faut demeurer ferme dans la foi et surtout dans la sanctification progressive, en acceptant Christ on devient :

1- Un enfant
2- Un esclave
3- Un soldat

Tout chrétien est un vaillant héros appelé au combat spirituel, par cet appel à lutter contre les forces du Yin le chrétien possède une tenue et des armes propres pour triompher face à ses ennemis, ses adversaires et ses opposants. A travers la Bible nous trouvons une hiérarchie dans le monde des démons (Ténèbres) gouverné par la trinité satanique (diabolique) à savoir :

1- Satan (le père)
2- La bête (le fils)
3- Le faux prophète (l'esprit profane et impie)

<u>La hiérarchie des ténèbres selon la Bible :</u>

Les principautés :

ce sont des démons disposés et disponibles au service de la trinité diabolique, elles aident la trinité antéchrist à faire asseoir leurs autorités et souverainetés sur terre particulièrement sur les descendants de Dieu donc les hommes, elles participent activement dans la lutte contre l'Eglise, elles tirent leur puissance des rois ou anges supra supérieurs des ténèbres parmi eux on retrouve les bras droit de Satan à savoir les trônes, les dignités et les hauteurs.

Les dominations :

Elles sont sous l'autorité des rois du royaume des ténèbres et des principautés, elles sont chargées de contrôler les vies humaines, c'est à eux que sont confiées toutes les personnes qui sont faits prisonniers par les ténèbres. Elles sont à la base du stress, de la dépression, de l'esclavage de l'alcool, de l'addiction aux drogues ; en maintenant les âmes captives, elles pourront les contrôler et les éloigner de la paix intérieure et de la vie surnaturelle que Dieu donne.

Les autorités :

Elles sont informées des différentes lois physiques et spirituelles, elles veillent à leurs applications, en clair, ce sont eux qui font appliquer la loi des ténèbres sur terre, elles sont chargées de semer la pagaille spirituelle, d'accuser et de condamner par les lois naturelles ou spirituelles de manière officieuse toute personne physique, morale et spirituelle qui désobéit aux normes, principes prérequis par le Créateur.

Les esprits méchants :

Ils sont les plus nombreux et les sans-cœurs et leurs nombres croissent d'heure en heure, ils sont des esprits humains, d'animaux, des esprits de morts bien sûr, ils sont sans pitié, ils violent les différents domaines de la vie de l'homme avec ou sans son consentement. Ils le conduisent souvent à nouer des alliances, des pactes, à faire des serments de façon volontaire ou involontaire, ils ont la mission de tuer, ruiner, détruire et ils sont les esprits a la base de la guerre entre les nations.

Tous ces esprits ou ces puissances qui sont des ténèbres agissent souvent en dominant, en opprimant, en affligeant, en vexant, en possédant et en semant la mort.

La domination : elle consiste à régner sur les vies des personnes qui vivent dans le péché. Les mauvais esprits ont des droits sur la vie de toute personne chrétienne ou pas qui n'a pas réglé dans sa vie les pactes ancestraux, les liens sexuels, les liens amicaux ou autres liens a des confessés non réglés.

L'oppression : elle vise à opprimer une personne en agissant sur certains domaines de sa vie. Les esprits exploitent les domaines de la vie du chrétien ou non où ce dernier est faible. Ils réveillent les anciens péchés ou actes défavorables dans la pensée humaine.

L'affliction : les esprits concernés atteignent l'âme humaine. La personne visée est exposé à certains états d'âmes qui ne sont normaux : les pleurs, les remords ; des heures de tristesse.

La vexation : les victimes sont souvent découragées, abattus. Les esprits ici empêchent le chrétien ou non de combattre. Ils créent l'abattement, le découragement et poussent les hommes à l'abandon.

La possession : elle se passe au moment où un esprit humain ou démoniaque entre dans la vie d'une personne pour y demeurer et se manifester, l'esprit qui est en possession du corps contrôle plusieurs domaines de la vie de la victime.

La mort : elle est le dernier recours utilisé par l'ennemi pour mettre fin à sa mission dans la vie de l'homme (femme incluse). La mort n'est pas la fin, mais un processus soit d'aller au Sein d'Abraham ou de faire face au séjour des morts qui est une intro aux tourments éternel.

Pendant longtemps Satan utilise une tactique efficace pour nous éloigner du vrai sens du combat spirituel, pendant des années les églises locales sont penchées vers des choses secondaires en pensant mener le bon combat ; elles sont penchées à lutter contre :

- la longueur des jupes

- le port des pantalons par les femmes

- la coupe des cheveux

- foulard ou pas foulard

- le style du chant dans le culte
- les femmes au ministère ou pas

- le système ecclésial à appliquer... etc.

Sans se rendre compte que le diable nous bombarde de tous les côtés et on ne s'en rend même pas compte du vrai combat ! Si on se trompe de combat, on va aussi se tromper de victoire. Donc, pour comprendre vraiment le combat spirituel, il faut trois clés essentiels :

1- Il est impératif de ne pas se tromper de combat

   Nous pousser à nous tromper de combat est une stratégie diabolique, un plan recalculé par le gouvernement des ténèbres. Le diable essaie de nous épuiser dans des combats qui ne sont pas les nôtres, et si on se trompe de combat, on n'est plus dans le spirituel, on est tombé dans le combat contre la chair et le sang.

2- Il faut laisser Dieu mener nos propres combats.

   Dieu veut combattre pour nous, mais ça ne veut pas dire que nous n'avons rien à faire. Nous avons des choses à faire quand Dieu est à l'œuvre dans nos combats comme le peuple hébreu qui avait à faire Silence. Exode 14 :14

   Josaphat avait à se présenter et à se tenir devant la coalition pour voir Dieu a l'œuvre. 2 Chroniques 20 :17

   David avait à sortir pour combattre lorsqu'il entendrait Dieu marcher devant lui. 1 Chroniques 14 :15

   Pour que notre combat soit le combat de Dieu de Dieu nous devons arrêter de combattre sans consulter Dieu.

3- Il faut choisir les bonnes armes

   Aucun soldat n'acceptera d'aller les mains vides et nues dans le champ de bataille, de ce fait nous devons nous armer avec les armes les plus efficaces qui sont :

   - La parole de Dieu

Isaïe 54 :17 et Jérémie 1 :19

La parole de Dieu est une arme offensive et défensive, c'est une épée et aussi un bouclier. Le nom de Jésus

C'est le nom qui sauve quiconque qui l'invoque selon Actes 2 :21, 4 :12. Romains 10 :13.

C'est le nom le plus-puissant et qui est au-dessus de tout autre nom selon Philippiens 2 :9-10.

Le nom de Jésus peut tout car c'est le nom vaillant qui a brisé la tête de Satan en le livrant en spectacle à la croix.

- L'adoration et la louange

  2 Chroniques20 :22 et Daniel 3 :28.

  L'arme qui fait fuir les démons car c'est imposer à Dieu de se manifester visiblement.

- Le zèle de l'évangile et la prière

  Éphésiens 6 :15 et Apocalypse 3 :19. 1 Rois 8 :44-45, Mathieu 17 :21 et Éphésiens 6 :18.

Zele : vive ardeur pour appliquer les consignes et les règlements à la lettre…

Dans le combat spirituel Satan utilise des stratégies ; le diable aussi utilise des armes efficaces spirituelle et charnelle. Satan utilise la ruse, la persécution, la convoitise, le mensonge afin de mettre l'homme en captivité et de le détruire.

Le serpent ancien utilise tout homme qui ne connait pas ou qui ne craint pas Dieu pour atteindre ses objectifs préalablement établis. Le Léviathan conduit des créatures façonnées par lui et dont il est à l'origine pour mettre à néant.

Il exploite les lois spirituelles et naturelles qu'il maitrise, il conclue des accords avec des êtres créés pour arriver à ses objectifs, il amène les hommes aussi bien que les chrétiens à pécher contre Dieu ; l'un des péchés qui donne accès au diable dans la vie de tout homme qu'il soit chrétien ou pas est le péché sexuel. Il utilise aussi les faux enseignements et les mauvais conseillers (l'œuvre du faux prophète), il participe également à l'endurcissement du cœur des hommes dans la voie qui mène à la mort. Il exploite les liens d'âmes pour bénéficier des droits légaux sur l'être entier de tout homme. Il utilise la femme pour faire tomber les jeunes hommes dévoués dans le ministère de la parole, il utile l'argent et tous les trésors pour tromper les hommes et femmes de Dieu : il les fait croire que l'argent ou les trésors vient de Dieu en prenant la forme d'un ange de lumière. Il utilise des hommes préfabriqués et modeler par les ténèbres pour semer de faux dons spirituels, de fausses onctions ainsi que de faux enseignements ; il les donne le pouvoir de faire des prodiges et miracles voire de la magie au sein même de l'église, il combat les plus féroces dans la foi par la persécution et l'injustice socio religieuse, il influence la destinée de l'homme (chrétien inclus) en l'amenant à prendre des décisions sans Dieu ou à se tromper dans la prise des décisions importantes. En outre, Satan utilise :

L'intox : il essaye de nous faire croire qu'il n'est qu'une idée, qu'il n'a pas d'existence réelle.

Le camouflage : il se déguise en ange de lumière pour nous faire tomber dans ses pièges.

L'anesthésie : il endort notre conscience au point de lui faire totalement oublier ce que nous sommes.

La propagande : il diffuse des fausses nouvelles totalement contraire à la bonne nouvelle de l'Evangile.

Les complices : il utilise le concours de nos passions pour nous détruire.

Une stratégie multiforme : il s'adapte à chacun.

Le découragement : c'est l'arme secrète que Satan le diable utilise sans cesse pour faire échouer tous nos plans de prospérité.

Le dragon est en accord avec d'autres puissances démoniaques qui sont sous ses ordres. On citera entre autres :

- Les puissances des eaux :
  On distingue les esprits des mers, des lacs, des lagunes, des fleuves, des rivières et autres… tous ces esprits ont une même force d'action. Les esprits les plus dangereux sont les esprits des mers ou des océans. Ils portent aussi le nom d'esprits maris ou

esprits femmes ou tout simplement maitresse ou maitre d'eau ou sirènes. Ils ont tendance à établir des unions (mariage) avec des hommes et des femmes. Les personnes mariées avec les maitresses ou maitres des eaux ont souvent des difficultés à se trouver un mari ou une femme dans leurs vies, dans leur méchanceté profonde ces esprits font tout pour créer des problèmes dans la vie de leurs soumises, et le fait de trouver un partenaire est négatif voire non négociable, ils sont souvent utilisés par les sorciers pour semer le chaos dans certains couple. Dans cette catégorie nous trouvons la fameuse *mamie wata* qui fait actualité. Ils constituent les esprits à la base de la puissance de différentes sectes et sociétés comme la franc-maçonnerie. Ils visitent les hommes et les femmes sous formes de maris et de femmes de nuit.

- Les puissances de l'air et des cieux :

  Elles constituent les forces qui influencent le temps, les saisons ; elles sont là pour troubler les songes et les visions, parmi elles on classe : les puissances territoriales et géographiques, elles font catégorie des démons supérieurs, elles sont à la tête de plusieurs armées de légions, elles ont pour rôle d'étendre les frontières du royaume du diable.
- Les puissances de la terre :

  Elles rassemblent différentes catégories d'esprits, on les retrouve partout sur terre comme dans les forêts, les déserts, les termitières, et tous les coins et recoins de la terre. Elles sont à l'origine des animaux de nuit, elles sont aussi à l'origine de certaines maladies incurables de sources inconnues.
- Les puissances des morts :

  Ceux sont les esprits des morts païens et des faux chrétiens captifs des démons que les sorciers utilisent dans la lutte spirituelle pour semer la mort.

Satan est puissant, Christ seul est Tout-puissant. Pour triompher dans le combat spirituel la foi est exquise ; la foi rend possible l'impossible, elle réconforte, affermit, encourage, renouvelle l'Esperance et oriente l'être entier dans l'adoration et la louange. La foi est l'assurance inébranlable dans **Jésus peut faire à l' instant même**, ce n'est pas penser et prier dans un sentiment de merci d'avance, mais c'est d'accepter que l'on a déjà acquis ce que nous voulons, il faut aller jusqu'à manipuler la chose demandée à Dieu en esprit, si c'est pour un malade que nous prions nous devons voir le malade guérir et qui témoigne sa guérison dans la grande assemblée. La foi c'est Jésus peut faire à l' instant même ! Arrêtez les mercis d'avance Seigneur dans nos prières, car Dieu agit pour vous par la foi dans le maintenant.

Il ne faut jamais oublier que notre combat ne prendra fin que lorsque nous quittons ce monde et même hors de cette sphère naturelle, nous continuerons à combattre Satan et ses mercenaires dans le grand combat de Gog et Magog. Chrétiens ouvrez grands les yeux ; le diable se montre le plus souvent (70% du temps) sous les traits d'une femme, d'une déesse, d'une sainte et se fait appeler Marie, Notre-Dame, Nuit, Isis, Lilith, Hécate, Diane, Astarté, Prospérine, la Mère et bien d'autres[...] évitez le principe féminin sacré qui est une couverture satanique pour dévier les vrais adorateurs de Christ. Le combat spirituel ou le combat contre les forces de la nuit renferme des mystères. Nul n'est censé ignoré que la nuit est l'ambassade du mal, tout comme la nouvelle Jérusalem est la capitale du ciel.

Dans le combat spirituel vous pourrez avoir à faire face à des animaux de nuit.

Les animaux de nuit sont les maitres de la nuit sous l'autorité du grand-maitre Minuit, on distingue parmi eux : les hiboux, les chauves-souris, les vampires, les loups garous, les vautours de nuit, les serpents de nuit, les cafards de nuit, les volailles de nuit, les porcs, chevaux et d'autres... parmi ces animaux on ne doit pas oublier le fait que des hommes (femmes inclus) se métamorphosent en animaux de nuit, ce qui veut dire la nuit des hommes par le pouvoir des démons se changent en animaux, en arbres, en lacs, lagunes afin de troubler des hommes et de les détruire. Ces hommes-là sont des agents des ténèbres dans le monde réel, ils ont pour responsabilité d'ôter la vie sur terre, de semer la peur du noir parmi les hommes et de troubler l'église par tous les moyens, ils sont des cannibalistes, des mangeurs d'hommes, et ils ne font qu'accroitre la tyrannie de Lucifer dans le monde. Pour se transformer en animaux, en lagunes ou en lacs et même en fumée, ces hommes font des incantations aux dieux des ténèbres et des invisibles qui leurs procurent le changement pour un nombre de temps, mais s'ils sont tués pendant la nuit dans leurs formes diaboliques on les retrouvera raide-mort sur leurs lits ou à l'endroit où ils sont abattus. Ces hommes-là forment les sectes comme le Zobop, le Sanpwel, les mackandals… etc. ils sont comme des milices de Satan, on les retrouve dans le Vodou plus facilement, et ils ont même le pouvoir de changer leurs victimes en animaux comme bœufs, porcs, dindes ou poissons et d'aller les vendre au marché.

Mes bienaimés Satan n'est pas une invention, ni une idéologie humaine, il existe réellement et nous pouvons le vaincre par la grâce surnaturelle de notre foi en Jésus-Christ.

Le surnaturel Chrétien n'est pas le fruit du hasard, c'est le tout puissant « Ha »

Qu'est-ce que le Ha de Yahweh ?

Le Ha est le souffle de Dieu qui agit selon sa promesse ou sa parole, c'est la marque d'engagement de Dieu dans nos affaires, le personnage ayant fait l'expérience du Ha de l'Eternel est Abram, dans Genèse 12 :1 ; Yahweh fait appel à Abram et dans Genèse 17 : 5 Yahweh ajouta le Ha de sa promesse dans le nom d'Abram et Il est passé d'homme stérile a père d'une multitude. La promesse de Dieu ne faillira jamais et c'est par son souffle de vie qu'il scelle ses paroles et par la foi nous pouvons vivre dans l'abondance du Ha, car le Ha change la destinée malheureuse en destinée glorieuse ; une autre translitération du Ha le traduit par « Zoe » qui est la vie même de Dieu communiqué à ceux qui croient en lui.

L'intervention du Surnaturel dans le naturel

Depuis la création, le créateur avait l'habitude de visiter ses créatures, c'est lors de sa visite qu'il a pu voir la solitude de l'homme, qu'il lui manquait un élément important sans lequel sa vie n'a pas de sens. Il visita encore Noé qui vivait au sein d'une génération perverse et cruelle pour le sauver lui et sa famille du déluge ; il visita ensuite Abraham (Abram) pour lui révéler la destinée glorieuse de sa postérité en dépit de son infertilité, il trouva grâce aux yeux de l'Eternel d'avoir des enfants ; plus tard Israël son peuple, enfin il se fit chair en Jésus-Christ pour donner la Victoire, la Puissance, la Guérison, le Salut et la Vie en abondance.

A chaque visitation de Dieu il donne la capacité surnaturelle de posséder le royaume visible et invisible, de recevoir les faveurs spirituelles et physiques et pour toujours le rétablissement et la gloire de Dieu.

Dieu dans son amour continu à visiter ses enfants, il les visite pour s'assurer que tout marche au Top (le meilleur). Dieu sait de quoi nous sommes formés dit la Bible il s'en souvient que nous sommes qu'argile, mais dans son amour pour son souffle (Ha) il nous visite afin de nous aider à nous procurer tous ce que nous avons besoin, et aussi de nous aider à vaincre la puissance du monde obscur qui rôde autour de nous. C'est uniquement par la foi que nous pouvons comprendre l'intervention de Dieu dans nos vies et c'est aussi par la foi que nous pouvons lui demander d'intervenir aussi dans nos vies. Le surnaturel divin est comme la Bannière d'un royaume, là où elle est plantée annonce la possession ou la domination.

Je sais que le chemin est étroit, glissant et plein d'obstacles, mais Dieu a dit *passons à l'autre bord* ; peu importe le temps, le climat, qu'il soit neigeux, ensoleillé ou tempétueux, n'ayez crainte Dieu est là, il n'est pas là comme spectateur mais comme l'acteur de ta délivrance, je sais que la vie est une succession de calamités, la Bible a dit *à chaque jour suffit sa peine*, n'ayez pas peur d'agir par la foi et priez afin que vous soyez toujours dans l'abondance a tous les points de vue. Un grand sage a dit : *la vie est faite de douleur, de chagrin et de joie, à chaque mauvais côté il existe le bon côté des choses.* Regardez toujours le bon côté de tout, sachez-le : Avec Dieu nous ferons des exploits et nous écraserons nos ennemis.

Désir Michaël Jonathan Christian Olivier

Printed by Books on Demand GmbH, Norderstedt / Germany